Knacknüsse

1 Gleicher Flächeninhalt

2 Regelmässiges Fünfeck

3 Die Schnur

4 Bretter stapeln

5 Der Krug

6 Das Ehepaar

ZKM©   Aha!

Knacknüsse

1 Die Teilfigur Q ist ein Quadrat. Die drei Teilfiguren Q, R und S haben den gleichen Flächeninhalt.
Berechne die gesuchte Strecke!
Achtung! Die Skizze ist nicht massstabgetreu!

2 Wie gross ist ein Winkel in einem regelmässigen Fünfeck?

3 Nimm $\frac{3}{4}$ einer Schnur und verlängere damit einen 288 mm langen **Bindfaden.** Jetzt hast du eine **dünne Leine** von **6.18 m.**
(Der dafür benötigte Knoten muss nicht berücksichtigt werden.)

4 Sieben Bretter von 4 cm Dicke und zwölf Bretter von 1,5 cm Dicke sollen so aufeinander gelegt werden, dass zwei gleich hohe Stapel entstehen.

5 Ein Krug ist bis an den Rand mit Wasser gefüllt. Das gesamte Gewicht beträgt 16.6 kg. Ist der Krug nur zu 60% mit Wasser gefüllt, so beträgt das Gesamtgewicht 10.6 kg.

6 Herr und Frau Keller wollten sich nach dem Einkaufen um 14.00 Uhr am Bahnhof treffen. Als Herr Keller merkte, dass seine Uhr stehen geblieben war, fragte er eine Passantin nach der Zeit.
(Eigentlich war es zufällig gerade 13.00 Uhr.)

ZKM©   Aha!

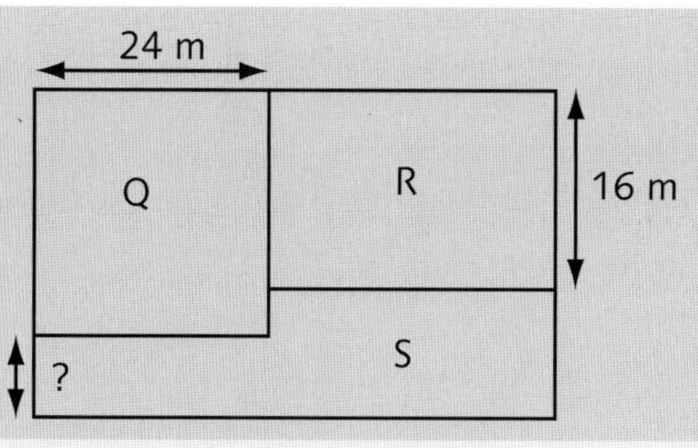

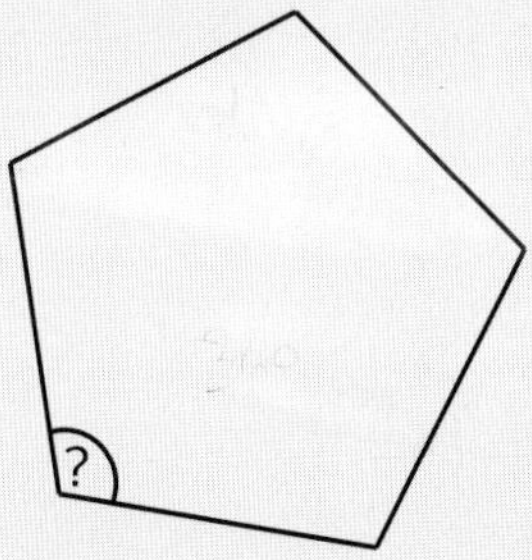

[Figur: Rechteck mit Q (24 m breit), R, S; Höhe 16 m; ? unten links]

[Fünfeck mit markiertem Innenwinkel ?]

Wie lang war die Schnur?

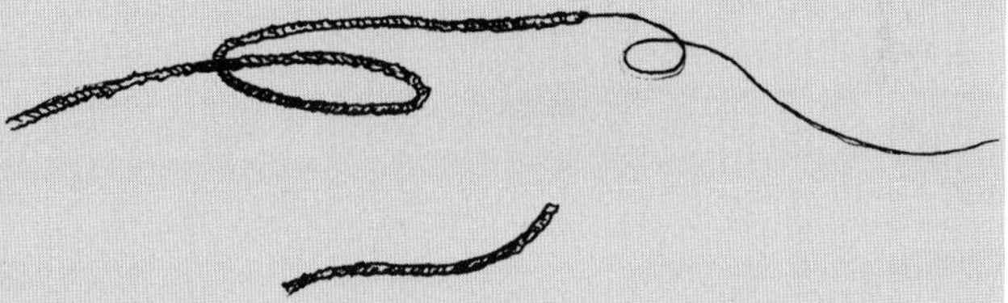

Wie viele Bretter von jeder Sorte wird jeder Stapel enthalten?

Wie schwer ist das Gesamtgewicht, wenn der Krug zu 75% gefüllt ist?

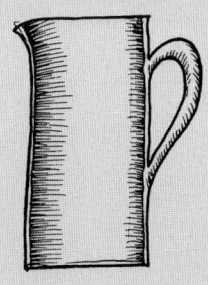

Die Uhr der Dame ging 5 min vor, sie glaubte aber, dass sie 10 min nachginge. Herr Keller stellte seine Uhr entsprechend. Frau Keller, der das Gleiche passiert war, bekam von einem Passanten Bescheid, dessen Uhr 10 min nach ging, der aber meinte, sie gehe 15 min vor. Wann traf wer am Bahnhof ein?

ZKM©   Aha!

Knacknüsse

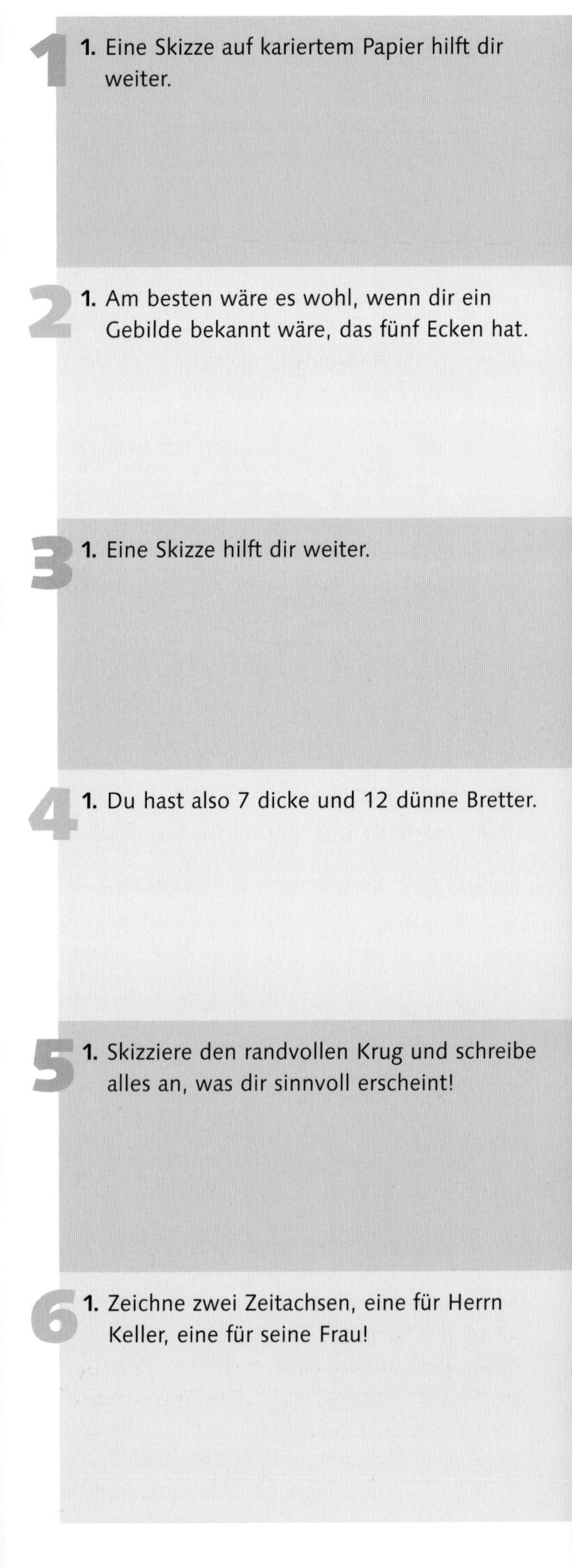

1. Eine Skizze auf kariertem Papier hilft dir weiter.

1. Am besten wäre es wohl, wenn dir ein Gebilde bekannt wäre, das fünf Ecken hat.

1. Eine Skizze hilft dir weiter.

1. Du hast also 7 dicke und 12 dünne Bretter.

1. Skizziere den randvollen Krug und schreibe alles an, was dir sinnvoll erscheint!

1. Zeichne zwei Zeitachsen, eine für Herrn Keller, eine für seine Frau!

ZKM© Aha!

Schreibe alle bekannten Masse an! ▷

Skizziere ein solches Gebilde? ▷

Wenn du keine Idee hast, dann zeichne einfach möglichst genau ein regelmässiges (gleichseitiges) Fünfeck!

Die Skizze kann natürlich nicht 6.18 m lang werden. ▷

Was überlegst du dir zuerst, wenn du zwei gleich grosse Bretterbeigen erstellen sollst? ▷

Wenn du kariertes Papier nimmst, kannst du die Masse besser abschätzen. ▷

In der Mitte der Zeitachse markierst du 13.00 Uhr, den Zeitpunkt, an dem sich Herr und Frau Keller nach der Uhrzeit erkundigten. (Von jetzt an solltest du alle Zeitangaben auf deinen Zeitlinien markieren!) ▷

ZKM© Aha!

Knacknüsse

1 2. Schreibe auch alle senkrecht gezeichneten Strecken an, von denen du die Länge kennst!

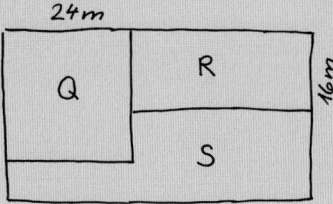

2 2. Stellen wir uns einmal ein **fünfeckiges Zelt** von oben vor!

3 2.

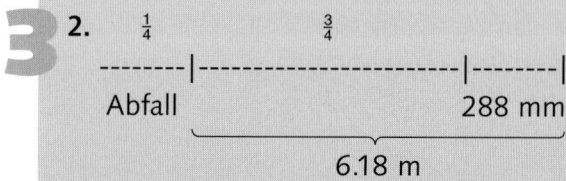

4 2. Wenn du dir überlegst, wie gross eine einzige Beige wäre, kommst du wohl am ehesten zum Ziel.

5 2.

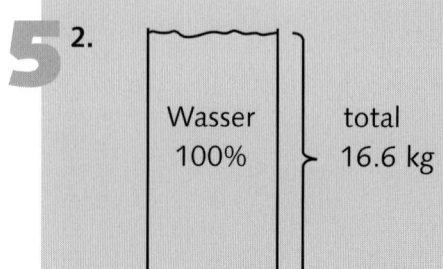

6 2.

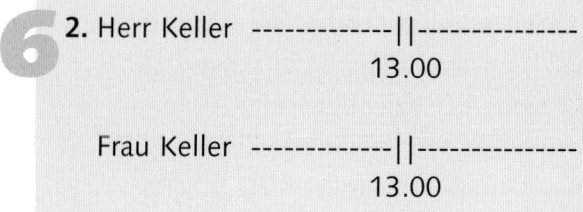

ZKM© Aha!

(Es handelt sich um die Figuren Q und R.)

Schreib die Ecken
mit den Buchstaben
A, B, C, D, E an!

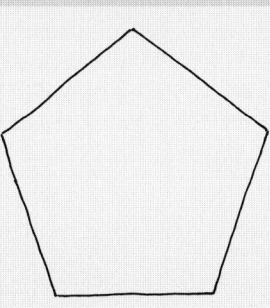

Drei verschiedene Grössen sind ungünstig.
Entscheide dich für nur eine Grösse, wandle
um und korrigiere die Skizze entsprechend!

Beige also zunächst alle Bretter aufeinander!

Fülle jetzt in Gedanken den Krug zu 60% mit
Wasser und zeichne eine entsprechende
Skizze!

Zunächst zu Herrn Keller:
Welche Zeit zeigte die Uhr der hilfreichen
Passantin um 13.00 h?

ZKM©   Aha!

Knacknüsse

1 **3.** Das Quadrat Q hast du auch links und unten mit 24 m angeschrieben.

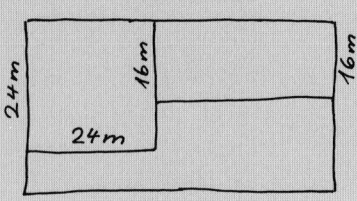

2 **3.**

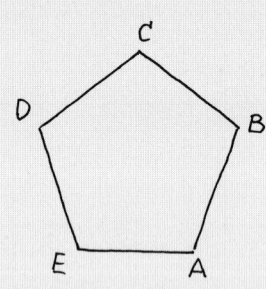

3 **3.** ¼   ¾

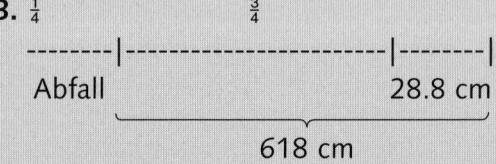

4 **3.** 7 · 4 cm = 28 cm ⎫
                               ⎬ 46 cm
         12 · 1.5 cm = 18 cm ⎭

5 **3.**

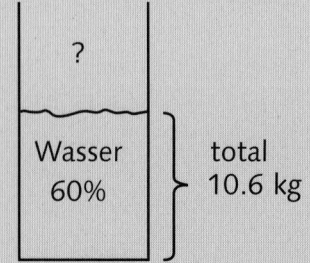

6 **3.** Die Uhr der Passantin zeigt 13.05 Uhr.

(Uhr der Passantin → UP)

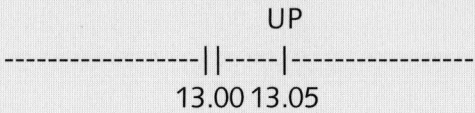

ZKM©   Aha!

(Die Seite links des Rechteckes R sollte natürlich mit 16 m angeschrieben sein!)
Schreibe die übrigen Seiten des Quadrates an!

Marschiere in Gedanken rund um das Zelt!

Wie viele Winkelgrade beträgt dein Rundgang?

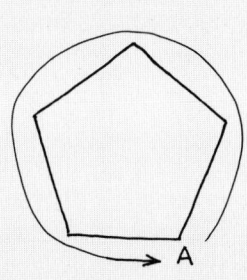

Wenn du jetzt alles in cm umgewandelt hast, kannst du dir überlegen, wie viele cm Schnur den $\frac{3}{4}$ ihrer ursprünglichen Länge entsprechen.

Wie hoch sollte jeder Stapel sein?

Trage in den **leeren** Raum des Kruges die richtige %-Zahl ein und überlege, wozu dir das dienen kann!

Welche Zeit aber würde sie Herrn Keller nennen, da sie doch meint, ihre Uhr gehe
10 Minuten nach?

Knacknüsse

1 4. Die 24 m auf der rechten senkrechten Seite des Quadrates sind aufgeteilt in:

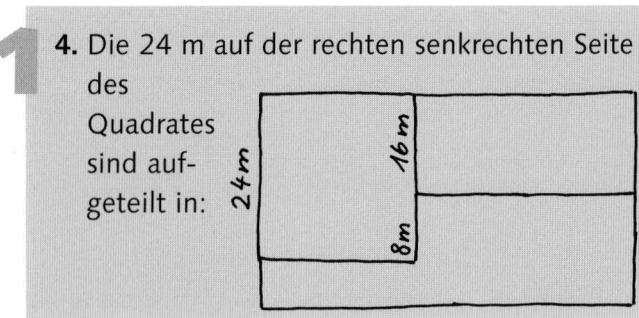

2 4. Rundherum gibts natürlich einen vollen Winkel von **360°**.

3 4. Wenn die **dünne Leine** total 618 cm misst, wovon der **Bindfaden** 28.8 cm einnimmt, muss das angesetzte Schnurstück (618 cm − 28.8 cm) **589.2 cm** lang sein.

4 4. Jede der beiden Beigen sollte (46 : 2) **23 cm** hoch werden.

5 4.

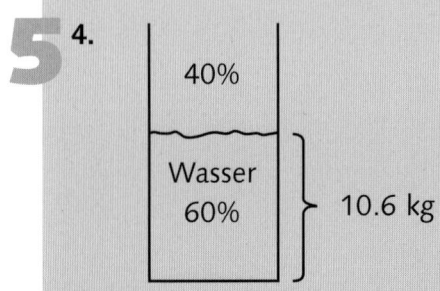

6 4. Sie glaubt aber, ihre Uhr gehe 10 min nach.

ZKM© Aha!

oben 16 m
unten 8 m
In der Aufgabe ist vom Flächeninhalt der
Figuren die Rede. Was tust du also jetzt?

Von A nach B gings geradeaus.
Bei B bist du in Richtung C abgebogen.
Um welchen Winkel bist du nach links von
der Geraden abgewichen?

Was nützt dir dieses Wissen?

Du weisst ja schon, wie hoch jede der beiden
Beigen wäre, wenn sie lauter Bretter der gleichen Dicke enthalten würde.

Welchem Wassergewicht in Kilogramm entsprechen diese 40%?

Meint sie also, es müsse eigentlich 10 min
früher oder 10 min **später** sein?

ZKM©   Aha!

Knacknüsse

1. 5. Der Flächeninhalt des Quadrates beträgt
(24 m · 24 m) **576 m²**

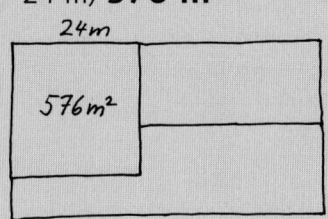

2. 5. Um mit fünfmaligem Abbiegen 360° zu erreichen schwenkst du pro Ecke um **72°** ab.

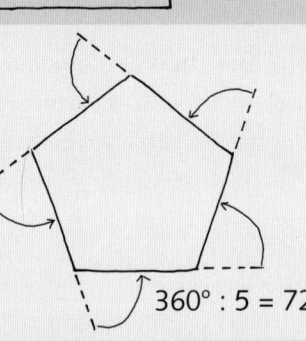

360° : 5 = 72°

3. 5. Diese 589.2 cm entsprechen doch ¾ der **Schnur.**

4. 5. Die dicken Bretter messen zusammen 28 cm, die dünnen zusammen 18 cm.

5. 5. (16.6 kg – 10.6 kg = 6 kg)
Die 40% entsprechen **6 kg** Wasser.

6. 5. Wenn eine Uhr nachgeht, ist es eigentlich schon **später,** ist die angezeigte Zeit schon vorbei, muss also etwas **zugezählt** werden.

ZKM©   Aha!

Schreibe in alle drei Figuren ihren Flächeninhalt! Da du die Breite des Rechteckes R kennst, ist es dir jetzt ein Leichtes die Länge auch auszurechnen.

Vielleicht hast du schon eine Idee.
Wenn nicht, blättere weiter!

Bestimme nun die ganze Länge der Schnur!

Wie stapelst du jetzt um, damit du zwei gleich grosse Beigen bekommst?

Lies nochmals die Aufgabe!
Du kennst das Gesamtgewicht (Wasser und Krug zusammen), wenn der Krug zu 60% gefüllt ist (10.6 kg).
Gefragt ist das Gesamtgewicht bei einer 75%-Füllung.
Was fehlt also noch?

Wie viel zählt sie zu ihrer angezeigten Uhrzeit dazu?

ZKM© Aha!

Knacknüsse

1 6. $576 \text{ m}^2 : 16 \text{ m} = 36 \text{ m}$
Das Rechteck R ist **36 m** lang.

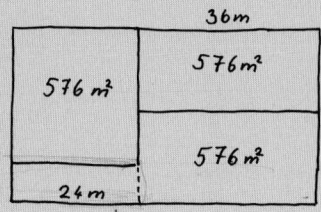

2 6. Stell dir vor, du wärst von A nach B und dann weiter **geradeaus** statt nach C gegangen!

3 6. $\frac{3}{4}$ entsprechen 589.2 cm.
$\frac{4}{4}$ entsprechen   ? cm.

Da haben wir ja eine schönen Proportionalität.

4 6. Nehmen wir doch Brett um Brett von der höheren Beige weg, um die Beigen auszugleichen.

5 6.

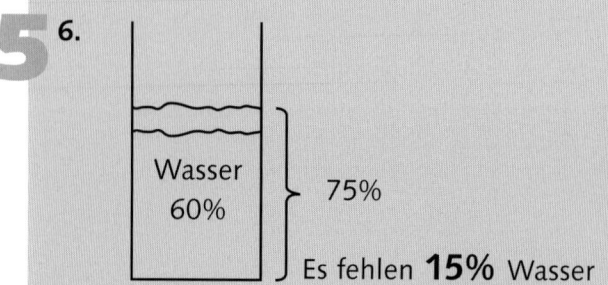

Es fehlen **15%** Wasser

6 6. Eben ihre vermuteten **10 min.**

ZKM© Aha!

Schreib diese 36 m an! Die untere Länge der Figur S kannst du auch gleich anschreiben. Wie viel beträgt sie?

Welchen Winkel hätte das bei B gegeben?

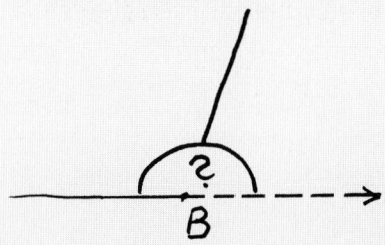

Stell die Proportionalitätsrechnung auf und löse sie Schritt für Schritt!

Wie hoch wird jede Beige, wenn du zunächst **ein Brett** umbeigst?

Wenn 40% Wasser 6 kg wiegen, wie schwer sind dann 15%?

Sie behauptet also, es sei ...

Knacknüsse

1
7. Die untere Länge der Figur S beträgt
(24 m + 36 m) **60 m.**
Wenn du die untere Quadratseite nach rechts verlängerst, zerfällt die Figur S in zwei kleine Rechtecke, die zusammen den Flächeninhalt 576 m² haben.

2
7. Geradeaus ergibt das einen gestreckten Winkel von **180°.**
Jetzt bist du aber um 72° abgewichen.

3
7. $\frac{3}{4}$ entsprechen 589.2 cm
　　: 3
　$\frac{1}{4}$ entspricht　　196.4 cm
　$\frac{4}{4}$ entsprechen　　? cm

4
7. 28 cm − **4** cm = 24 cm (dicke Bretter)
18 cm + **4** cm = 22 cm (dünne Bretter)

5
7. Die Proportionalitätsaufgabe springt einem förmlich ins Gesicht!
　40% entsprechen 6 kg
　10% entsprechen ?
100% entsprechen ?

6
7. ... **13.15 h** (Dabei ist es – siehe Schritt 2 – erst 13.00 h.)
(Uhr der Passantin　　→ UP)
(Aussage der Passantin → AP)
　　　　　　　　　UP　　　AP
------------------||-----|----------|-------
　　　　　　　13.00 13.05　　13.15

ZKM©　　　　　　　　　　　　　　　　Aha!

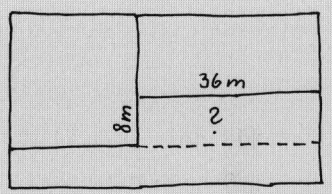

Die Fläche des oberen dieser kleinen Rechtecke ist leicht zu berechnen.

Skizziere vergrössert die Ecke B samt der Geradeaus-Spur!

Jetzt kannst du leicht die ganze **Schnurlänge** bestimmen.

Die beiden Beigen sind schon fast gleich hoch. Wenn jetzt aber ein weiteres dickes Brett auf die Beige der dünnen Bretter gelegt wird, vergrössert sich der Unterschied wieder. Was ist also zu tun?
(Pröbeln ist wohl wieder mal angesagt.)

15 % Wasser hatten noch gefehlt. Wenn du die Proportionalitätsaufgabe gelöst hast, kennst du das Gewicht dieser 15 %.
Und jetzt?

Wird Herr Keller jetzt also zu früh oder zu spät am Treffpunkt sein?

ZKM© Aha!

Knacknüsse

1 8. Die Fläche des kleineren Teilrechteckes beträgt (8 m x 36 m) **288 m²**

2 8.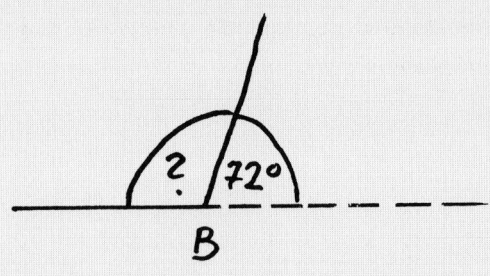

3 8. $\frac{1}{4}$ = 196.4 cm
· 4
$\frac{4}{4}$ =   ???? cm

4 8. Legen wir doch einfach noch ein dickes Brett auf die dünnen Bretter!

5 8. 15% entsprechen **2.25 kg** Wasser.

6 8. Er wird 15 Minuten zu früh am Treffpunkt sein, also schon um **13.45 h**.
Herr Keller am Treffpunkt → KT
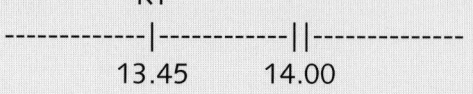

ZKM©   Aha!

Wie gross muss also das grössere Teilrechteck sein (damit sie zusammen einen Flächeninhalt von 576 m² ausmachen)?

Jetzt kannst du den gesuchten Winkel ausrechnen.

Wenn du jetzt das Ergebnis in die höhere Grösse umwandelst, sieht es noch schöner aus.

Berechne wieder beide Beigen! Vielleicht hast du beim Betrachten der beiden Ergebnisse eine Idee.

Jetzt zählst du natürlich die 2.25 kg Wasser zum Gewicht der 60%-Füllung.

Damit ist die Aufgabe gelöst.

Und jetzt zu Frau Keller: Welche Zeit zeigt die Uhr des hilfreichen Herrn, der ihr helfen will, um 13.00 h?

Knacknüsse

1. 9. Das untere (grössere?) Teilrechteck der Fläche S misst (576 m² – 288 m²) **288 m²**.

Es hat nur in der Skizze grösser ausgesehen. Die aber war ja *nicht massstabgetreu!)*

2. 9. 180° – 72° = ?

Ein anderer möglicher Lösungsweg wäre, wenn du sozusagen die Zeltnähte einzeichnen würdest, die Dachnähte, die zu jeder Ecke führen. Das ergibt dir fünf gleichschenklig-spitz-

3. Die Schwierigkeit dieser Aufgabe bestand darin, dass du nicht mit etwas Bestimmtem zu rechnen beginnen konntest, sondern mit ¾ davon. (Du wusstest also gar nicht, wovon du ¾ nehmen solltest.) Anhand einer ähnlichen Aufgabe kannst du zeigen, dass du jetzt mit solchen Schwierigkeiten fertig wirst.

4. 9. Dicke Bretter (Schritt 7) 24 cm jetzt – 4 cm
Dünne Bretter (Schritt 7) 22 cm jetzt + 4 cm

20 cm dicke Bretter
26 cm dünne Bretter

5. **Zusatzaufgabe**
Wenn du willst, kannst du natürlich auch noch das Gewicht des Kruges berechnen.

6. 9. Sie geht 10 min nach, zeigt also erst **12.50 h.**

(Uhr des Herrn → UH)
```
        UH          UP   AP
--------|-----------||-----|-----------|--------
      12.50       13.00 13.05        13.15
```

ZKM©   Aha!

Von diesem Teilrechteck kennst du jetzt die Fläche und die längere Seite. Rechne jetzt nur noch die kürzere Seite (die gefragte Strecke) aus!

winklige Dreiecke, deren zum Mittelpunkt zeigender Winkel natürlich (360° : 5) = **72°** misst. Hier hilft dir dann die Winkelsumme im Dreieck weiter.

Zusatzaufgabe
Ein Tramwagen ist zu $\frac{3}{4}$ besetzt. An der nächsten Haltestelle steigen zwei Drittel der Fahrgäste aus und 31 ein. Im Wagen sind nun 60 Leute.

Wie viele Personen fasst der Tramwagen?

Gemäss Schritt 4 sollte jede Beige 23 cm hoch werden. Wie viele cm müssen von der höheren weggenommen werden, damit beide gleich hoch werden?

Wenn du das Kruggewicht bestimmen willst, brauchst du nur das Wassergewicht bei einer bestimmten Füllmenge vom Gesamtgewicht bei gleicher Füllmenge wegzuzählen.

Er glaubt, seine Uhr gehe 15 min vor. Wird er also vor- oder zurückrechnen?
Welche Uhrzeit würde er also angeben?

Knacknüsse

1. 10. 288 m² : 60 m

Lass dich nicht stören, wenn die Teilung nicht gleich aufgeht! Rechne einfach hinter dem Komma weiter!

Aha!

2. Tipp: Um ein möglichst regelmässiges Fünfeck zu erhalten, kann dir die Zeichnung eines Drudenfusses (Pentagramm) helfen.

3. Wenn nach dem Einsteigen 60 Leute im Wagen sind, waren vorher **29** Personen im Wagen und das, nachdem ⅔ der vorher im Wagen befindlichen Passagiere ausgestiegen sind. Also sind diese 29 Leute ein Drittel derer, die am Anfang drin waren.
Das waren folglich (3 · 29) **87 Personen.**

4. 10. Natürlich müssen **3 cm** von der Beige der dünnen Bretter weggenommen werden, damit sie nur noch 23 cm hoch ist.

5. 10. Zum Beispiel 60%-Füllung:
Bestimme zuerst das Wassergewicht!

15% entsprechen	2.25 kg
60% entsprechen	9.0 kg
Gesamt	10.6 kg
– Wasser	9.0 kg
Krug	?

6. 10. Er rechnet 15 min zurück und behauptet **um 13.00 h,** wenn seine Uhr 12.50 h zeigt, es sei erst **12.35 h.**
(Aussage des Herrn → AH)

```
  AH         UH        UP   AP
  |----------|---------||---|--------|--------
  12.35      12.50     13.00 13.05   13.15
```

ZKM©   Aha!

Statt die Fläche S in zwei kleinere Recktecke zu zerlegen, kannst du auch die untere Seite des Rechtecks R und S nach links verlängern, vom Quadrat eine zu berechnende Fläche abschneiden und so die Fläche S zu einem grossen Rechteck vervollständigen, dessen kurze Seite dir weiterhilft.

Eine andere Art, ein schönes Fünfeck herzustellen, besteht darin, in einen Papierstreifen einen Knoten zu knüpfen.

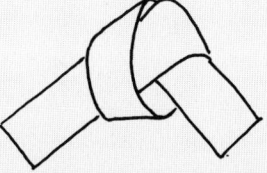

Das macht eine Besetzung von $\frac{3}{4}$ des Fassungsvermögens aus. **(87 P.** entsprechen $\frac{3}{4}$)
Damit wären wir wieder einmal bei einer Proportionalitätsaufgabe:

$\frac{3}{4}$ entsprechen 87 P.   **oder** du zählst einfach
$\frac{4}{4}$ entsprechen   ? P.   den fehlenden Viertel
                                    (die 29 P.) dazu.

Du weisst ja, dass die dünnen Bretter 1.5 cm dick sind. Also ist es nicht schwierig, die 3 cm zusammenzubringen.

Oder mit einer 100%-Füllung:
Wassergewicht! 15% entsprechen   2.25 kg
              100% entsprechen 15.0 kg

	Gesamt	16.6 kg
	– Wasser	15.0 kg
	Krug	?

Jetzt weisst du, um wie viele Minuten Frau Keller zu spät am Treffpunkt eintrifft. (Nichts gegen Frau Keller, schliesslich war es der hilfreiche Herr, der ihr die falsche Uhrzeit gesagt hat.)

Lösungen

1 Die gesuchte Strecke ist **4,8 m** lang.

2 Jeder Winkel beträgt **108°**.

3 Die Schnur war **785,6 cm (7,856 m)** lang.

Zusatzaufgabe
Der Tramwagen fasst **116 Personen**.

4

Stapel 1	Stapel 2
5 dicke Bretter	**2 dicke Bretter**
2 dünne Bretter	**10 dünne Bretter**

5 Das Gesamtgewicht beträgt **12.85 kg**.

Zusatzaufgabe
Der Krug wiegt **1.6 kg**.

6 Herr Keller: **13.45 h**
Frau Keller: **14.25 h**